AF346650

EDIT
ET REGLEMENT
DU ROY,
POUR LE COMMERCE
des Negocians en gros & en détail.

Regiſtré en Parlement, Chambre des Comptes & Cour
des Aydes, le 23. Mars 1673.

A LYON,

Chez ANTOINE JULLIERON, ſeul Imprimeur
& Libraire ordinaire du Roy, du Clergé, & de la Ville,
en la place de Confort, aux deux Viperes.

M. DC. LXXIII.
Avec Privilege de ſa Majeſté.

EDIT
ET REGLEMENT
DU ROY,

POVR LE COMMERCE DES
Négocians en gros & en détail.

OUIS PAR LA GRACE DE DIEU ROY DE FRANCE ET DE NAVARRE : A tous prefens & à venir, SALUT. Comme le Commerce eft la fource de l'abondance publique & de la richef-fe des particuliers, Nous avons depuis plufieurs an-nées appliqué nos foins pour le rendre floriffant dans noftre Ro-yaume. C'eft ce qui Nous a porté premierement à eriger parmi nos fujets plufieurs Compagnies, par le moyen defquelles ils tirent prefentement des païs les plus éloignez ce qu'ils n'a-voient auparavant que par l'entremife des autres Nations. C'eft ce qui Nous a engagé enfuite à faire conftruire & armer grand nombre de vaiffeaux pour l'avancement de la navigation, & à employer la force de nos armes par mer & par terre pour en maintenir la feureté. Ces établiffemens ayant eu tout le fuccés que Nous en attendions, Nous avons crû eftre obligez de pour-voir à leur durée par des Reglemens capables d'affeurer parmi les Negocians la bonne foy contre la fraude, & de prevenir les obftacles qui les détournent de leur employ par la longueur des procés, & confomment en frais le plus liquide de ce qu'ils ont acquis. A CES CAUSES, de l'avis de noftre Confeil, & de

A ij

noftre

noſtre certaine ſcience, pleine puiſſance & autorité Royale ; Nous
avons dit , declaré , & ordonné ; diſons , declarons , ordonnons
& Nous plaiſt ce qui enſuit.

TITRE PREMIER.

Des Apprentifs , Négocians , & Marchands,
tant en gros qu'en détail.

ARTICLE PREMIER.

ES lieux où il y a maiſtriſe de Marchands , les Apprentifs
Marchands ſeront tenus d'accomplir le temps porté par les
Statuts : neantmoins les Enfans de Marchands ſeront reputez
avoir fait leur apprentiſſage , lorſqu'ils auront demeuré actuellement en la maiſon de leur pere ou de leur mere , faiſant profeſſion de la meſme marchandiſe , juſques à dix-ſept ans accomplis.

ARTICLE II.

CELUY qui aura fait apprentiſſage , ſera tenu de demeurer
encore autant de temps chez ſon Maiſtre , ou un autre Marchand
de pareille profeſſion ; ce qui aura lieu pareillement à l'égard des
fils de Maiſtres.

ARTICLE III.

AUCUN ne ſera receu Marchand qu'il n'ait vingt-ans accomplis , & ne rapporte le brevet & les certificats d'apprentiſſage &
du ſervice fait depuis.   Et en cas que le contenu és certificats ne
fuſt veritable , l'Aſpirant ſera décheu de la maiſtriſe ; le Maiſtre
d'apprentiſſage qui aura donné ſon certificat , condamné en cinq
cens livres d'amande , & les autres Certificateurs chacun en trois
cens livres.

ARTI-

ARTICLE IV.

L'Aspirant à la Maiſtriſe ſera interrogé ſur les Livres & Regiſtres à partie double & à partie ſimple , ſur les Lettres & Billets de Change , ſur les Regles d'Arithmetique , ſur la partie de l'Aune , ſur la Livre & poids de Marc , ſur les Meſures & les qualitez de la Marchandiſe, autant qu'il conviendra pour le Commerce dont il entend ſe meſler.

ARTICLE V.

Deffendons aux particuliers & aux Communautez de prendre ni recevoir des Aſpirans aucuns preſens pour leur reception , ni autres droits que ceux qui ſont portez par les Statuts, ſous quelque pretexte que ce puiſſe eſtre, à peine d'amende, qui ne pourra eſtre moindre de cent livres. Défendons auſſi à l'Aſpirant de faire aucun feſtin, à peine de nullité de ſa reception.

ARTICLE VI.

Tous Négocians & Marchands en gros & en détail ; comme auſſi les Banquiers, feront reputez majeurs pour le fait de leur Commerce & Banque , ſans qu'ils puiſſent eſtre reſtituez ſous pretexte de minorité.

ARTICLE VII.

Les Marchands en gros & en détail, & les Maçons, Charpentiers , Couvreurs, Serruriers, Vitriers , Plombiers , Paveurs, & autres de pareille qualité, feront tenus de demander payement dans l'an aprés la délivrance.

ARTICLE VIII.

L'Action ſera intentée dans ſix mois pour marchandiſes & denrées venduës en détail par Boulangers, Paſtiſſiers , Bouchers, Rôtiſſeurs, Cuiſiniers, Coûturiers, Paſſementiers , Selliers , Bourreliers, & autres ſemblables.

ARTICLE IX.

V o u l o n s le contenu és deux Articles cy-deſſus avoir lieu, encore qu'il y euſt eu continuation de fourniture ou d'ouvrage; ſi ce n'eſt qu'avant l'année ou les ſix mois, il y euſt un compte arreſté, ſommation ou interpellation judiciaire, cedule, obligation, ou contract.

ARTICLE X.

P o u r r o n t neantmoins les Marchands & Ouvriers déferer le ſerment à ceux auſquels la fourniture aura eſté faite, les aſſigner, & les faire interroger. Et à l'égard des Veuves, Tuteurs de leurs enfans, Heritiers & ayans cauſe, leur faire declarer s'ils ſçavent que la choſe eſt deuë, encore que l'année ou les ſix mois ſoient expirez.

ARTICLE XI.

T o u s Négocians & Marchands, tant en gros qu'en détail, auront chacun à leur égard des aunes ferrées par les deux bouts & marquées, ou des poids & meſures étalonnées. Leur défendons de s'en ſervir d'autres, à peine de faux, & de cent cinquante livres d'amende.

TITRE SECOND.

Des Agens de Banque, & Courtiers.

ARTICLE I.

D E F E N D O N S aux Agens de Banque & de Change, de faire le Change ou tenir Banque pour leur compte particulier, ſous leur nom ou ſous des noms interpoſez, directement ou indirectement, à peine de privation de leurs charges, & de quinze cens livres d'amende.

ARTI-

ARTICLE II.

Ne pourront auſſi les Courtiers de Marchandiſe en faire aucun trafic pour leur compte , ni tenir quaiſſe chez eux , ou ſigner des Lettres de Change par aval. Pourront neantmoins certifier que la ſignature des Lettres de Change eſt veritable.

ARTICLE III.

Ceux qui auront obtenu des Lettres de repy, fait Contract d'atermoiement , ou fait faillite, ne pourront eſtre Agens de Change ou de Banque, ou Courtiers de Marchandiſe.

TITRE TROISIE'ME.

Des Livres & Regiſtres des Négocians , Marchands , & Banquiers.

ARTICLE I.

LEs Negocians & Marchands tant en gros qu'en détail auront un Livre qui contiendra tout leur Negoce, leurs Lettres de Change , leurs debtes actives & paſſives ; & les deniers employez à la dépenſe de leur maiſon.

ARTICLE II.

Les Agens de Change & de Banque tiendront un Livre journal, dans lequel ſeront inſerées toutes les parties par eux negociées, pour y avoir recours en cas de conteſtation.

ARTICLE III.

Les Livres des Négocians & Marchands tant en gros qu'en détail , ſeront ſignez ſur le premier & dernier feüillet , par l'un des Conſuls dans les Villes où il y a juriſdiction Conſulaire ; & dans les autres, par le Maire ou l'un des Echevins , ſans frais ni

droits

droits, & les feüillets paraphez & cottez par premier & dernier,.
de la main de ceux qui auront eſté commis par les Conſuls ou
Maire & Echevins , dont ſera fait mention au premier feüillet.

ARTICLE IV.

L E s Livres des Agens de Change & de Banque ſeront cottez , ſignez & paraphez par l'un des Conſuls ſur chaque feüillet,
& mention ſera faite dans le premier , du nom de l'Agent de
Change ou de Banque; de la qualité du Livre , s'il doit ſervir de
Journal ou pour la quaiſſe ; & ſi c'eſt le premier, ſecond ou autre,
dont ſera fait mention ſur le Regiſtre du Greffe de la Juriſdiction
Conſulaire , ou de l'Hoſtel de Ville.

ARTICLE V.

L E s Livres Journaux ſeront écrits d'une meſme ſuite par ordre de date ſans aucun blanc , arreſtez en chaque Chapitre & à.
la fin ; & ne ſera rien écrit aux marges.

ARTICLE VI.

T o u s Négocians , Marchands & Agens de Change & de
Banque, ſeront tenus dans ſix mois aprés la publication de noſtre
preſente Ordonnance , de faire de nouveaux Livres Journaux &
Regiſtres , ſignez , cottez & paraphez ſuivant qu'il eſt cy-deſſus
ordonné ; dans leſquels ils pourront ſi bon leur ſemble porter les
Extraits de leurs anciens Livres.

ARTICLE VII.

T o u s Négocians & Marchands tant en gros qu'en détail,.
mettront en Liaſſe les Lettres miſſives qu'ils recevront , & en
Regiſtre la Copie de celles qu'ils écriront.

ARTICLE VIII.

S E R O N T auſſi tenus tous les Marchands de faire dans le
meſme délay de ſix mois, inventaire, ſous leur ſein, de tous leurs
effets mobiliers & immobiliers, & de leurs debtes actives & paſſives, lequel ſera recollé & renouvellé de deux ans en deux ans.

ARTICLE

ARTICLE IX.

La repreſentation ou communication des Livres Journaux, Regiſtres, ou Inventaires, ne pourra eſtre requiſe ni ordonnée en Juſtice, ſinon pour ſucceſſion, communauté & partage de ſocieté en cas de faillite.

ARTICLE X.

Au cas neantmoins qu'un Négociant ou un Marchand vouluſt ſe ſervir de ſes Livres Journaux, & Regiſtres, ou que la partie offrit d'y ajoûter foy, la repreſentation pourra eſtre ordonnée pour en extraire ce qui concernera le different.

TITRE QVATRIEME.
Des Societez.

ARTICLE I.

Toute Societé generale ou en commendite ſera redigée par écrit ou pardevant Notaires, ou ſous ſignature privée ; & ne ſera receuë aucune preuve par témoins, contre & outre le contenu en l'acte de ſocieté, ni ſur ce qui ſeroit allegué avoir eſté dit, avant, lors ou depuis l'acte, encore qu'il s'agiſt d'une ſomme ou valeur moindre de cent livres.

ARTICLE II.

L'Extrait des Societez entre Marchands & Négocians, tant en gros qu'en détail, ſera regiſtré au Greffe de la Juriſdiction Conſulaire, s'il y en a, ſinon en celuy de l'Hoſtel commun de la Ville ; & s'il n'y en a point, au Greffe de nos Juges des lieux, ou de ceux des Seigneurs ; & l'extrait inſeré dans un tableau expoſé en lieu public ; le tout à peine de nullité des Actes & Contracts paſſez, tant entre les Aſſociez qu'avec leurs Creanciers & ayans cauſe.

ARTICLE III.

Aucun Extrait de Societé ne ſera enregiſtré, s'il n'eſt ſigné ou des Aſſociez, ou de ceux qui auront ſouffert la Societé, & ne contient les noms, ſurnoms, qualitez & demeure des Aſſociez, & les clauſes extraordinaires, s'il y en a, pour la ſignature des Actes, le temps auquel elle doit commencer & finir ; & ne ſera reputée continuée, s'il n'y en a un acte par écrit, pareillement enregiſtré & affiché.

ARTICLE IV.

Tous Actes portant changemens d'Aſſociez, nouvelles ſtipulations ou clauſes pour la ſignature ſeront enregiſtrez & publiez, & n'auront lieu que du jour de la publication.

ARTICLE V.

Ne ſera pris par les Greffiers pour l'enregiſtrement de la Societé & la tranſcription dans le tableau, que cinq ſols ; & pour chaque Extrait qu'il en delivrera, trois ſols.

ARTICLE VI.

Les Societez n'auront effet à l'égard des Aſſociez, leurs Veuves & Heritiers, Creanciers & ayans cauſe, que du jour qu'elles auront eſté regiſtrées & publiées au Greffe du domicile de tous les Contractans, & du lieu où ils auront magazin.

ARTICLE VII.

Tous Aſſociez ſeront obligez ſolidairement aux debtes de la Societé, encore qu'il n'y en ait qu'un qui ait ſigné ; au cas qu'il ait ſigné pour la compagnie & non autrement.

ARTICLE VIII.

Les Aſſociez en commendite ne ſeront obligez que juſques à la concurrence de leur part.

ARTICLE

ARTICLE IX.

Toute Societé contiendra la clause de se soûmettre aux Arbitres pour les contestations qui surviendront entre les Associez; & encore que la clause fust omise, un des Associez en pourra nommer, ce que les autres seront tenus de faire : sinon en sera nommé par le Juge pour ceux qui en feront refus.

ARTICLE X.

Voulons aussi qu'en cas de decés ou de longue absence d'un des Arbitres, les Associez en nomment d'autres : sinon il en sera pourveu par le Juge pour les refusans.

ARTICLE XI.

En cas que les Arbitres soient partagez en opinions, ils pourront convenir de Surarbitre sans le consentement des parties ; & s'ils n'en conviennent, il en sera nommé un par le Juge.

ARTICLE XII.

Les Arbitres pourront juger sur les pieces & memoires qui leur seront remis, sans aucune formalité de Justice, nonobstant l'absence de quelqu'une des parties.

ARTICLE XIII.

Les Sentences arbitrales entre Associez pour Négoce, Marchandise ou Banque, seront homologuées en la Jurisdiction Consulaire, s'il y en a : sinon és Sieges ordinaires de nos Juges, ou de ceux des Seigneurs.

ARTICLE XIV.

Tout ce que dessus aura lieu à l'égard des Veuves, Heritiers, & ayans cause des Associez.

TITRE

TITRE CINQVIE'ME.

Des Lettres & Billets de Change , &
promesses d'en fournir.

ARTICLE I.

LEs Lettres de Change contiendront sommairement le nom de ceux aufquels le contenu devra eftre pavé, le temps du payement, le nom de celuy qui en a donné la valeurs ; & fi elle a efté receuë en deniers, marchandife, ou autres effets.

ARTICLE II.

Toutes Lettres de Change feront acceptées par écrit purement & fimplement. Abrogeons l'ufage de les accepter verbalement, ou par ces mots : *Veu fans accepter* ; ou, *Accepté pour repondre à temps* ; & toutes autres acceptations fous condition, lefquelles paiferont pour refus : & pourront les Lettres eftre proteftées.

ARTICLE III.

En cas de Proteft de la Lettre de Change, elle pourra eftre acquittée par tout autre que celuy fur qui elle aura efté tirée ; & au moyen du payement il demeurera fubrogé en tous les droits du porteur de la Lettre, quoy qu'il n'en ait point de tranfport, fubrogation, ni ordre.

ARTICLE IV.

Les porteurs de Lettres qui auront efté acceptées, ou dont le payement échet à jour certain, feront tenus de les faire payer, ou protefter dans dix jours aprés celuy de l'écheance.

ARTICLE

ARTICLE V.

LES ufances pour le payement des Lettres feront de trente jours, encore que les mois ayent plus ou moins de jours.

ARTICLE VI.

DANS les dix jours acquis pour le temps du Proteft, feront compris ceux de l'écheance & du Proteft, des Dimanches, & des Feftes, mefme des folennelles.

ARTICLE VII.

N'ENTENDONS rien innover à noftre Reglement du fecond jour de Juin mil fix cent foixante-fept pour les acceptations, les payemens & autres difpofitions concernant le Commerce dans noftre ville de Lyon.

ARTICLE VIII.

LES Protefts ne pourront eftre faits que par deux Notaires, ou un Notaire & deux témoins, ou par un Huiffier ou Sergent, mefme de la Juftice Confulaire, avec deux Recors ; & contiendront le nom & le domicile des Témoins, ou Recors.

ARTICLE IX.

DANS l'acte de Proteft les Lettres de Change feront tranfcrites avec les ordres & les réponfes, s'il y en a ; & la copie du tout fignée fera laiffée à la partie à peine de faux, & des dommages & interefts.

ARTICLE X.

LE Proteft ne pourra eftre fuppleé par aucun autre acte.

ARTICLE XI.

APRES le Proteft celuy qui aura accepté la Lettre, pourra eftre pourfuivi à la requefte de celuy qui en fera le porteur.

D   ARTI

ARTICLE XII.

Les porteurs pourront auffi par la permiffion du Juge faifir les effets de ceux qui auront tiré ou endoffé les Lettres, encore qu'elles ayent efté acceptées ; mefme les effets de ceux fur lefquels elles auront efté tirées, en cas qu'ils les ayent acceptées.

ARTICLE XIII.

Ceux qui auront tiré ou endoffé les Lettres, feront pourfuivis en garantie dans la quinzaine, s'ils font domiciliez dans la diftance de dix lieuës & au delà, à raifon d'vn jour pour cinq lieuës, fans diftinction du reffort des Parlemens ; fçavoir pour les perfonnes domiciliées dans noftre Royaume : Et hors iceluy les delais feront de deux mois pour les perfonnes domiciliées en Angleterre, Flandre, ou Hollande ; de trois mois pour l'Italie, l'Allemagne & les Cantons Suiffes ; de quatre mois pour l'Efpagne, de fix pour le Portugal, la Suede & le Dannemark.

ARTICLE XIV.

Les delais cy-deffus feront comptez du lendemain des Protefts jufques au jour de l'action en garantie inclufivement, fans diftinction de Dimanches & jours de Feftes.

ARTICLE XV.

Apres les delais cy-deffus les porteurs des Lettres feront non-recevables dans leur action en garantie, & toute autre demande contre les tireurs & endoffeurs.

ARTICLE XVI.

Les tireurs ou endoffeurs des Lettres feront tenus de prouver en cas de denegation, que ceux fur qui elles eftoient tirées, leur eftoient redevables, ou avoient provifion au temps qu'elles ont deu eftre proteftées ; finon ils feront tenus de les garantir.

ARTICLE XVII.

Si depuis le temps reglé pour le Proteft les tireurs ou en-

doffeurs

doſſeurs ont receu la valeur en argent ou marchandiſe , par compte, compenſation , ou autrement , ils feront auſſi tenus de la garantie.

ARTICLE XVIII.

La Lettre payable à un particulier , & non au porteur , ou à
ordre , eſtant adhirée , le payement en pourra eſtre pourſuivi &
fait en vertu d'une ſeconde Lettre , ſans donner caution , & faiſant mention que c'eſt une ſeconde Lettre , & que la premiere
ou autre precedente demeurera nulle.

ARTICLE XIX.

Au cas que la Lettre adhirée ſoit payable au porteur , ou à
ordre , le paiement n'en ſera fait que par ordonnance du Juge , &
en baillant caution de garantir le payement qui en ſera fait.

ARTICLE XX.

Les cautions baillées pour l'evenement des Lettres de change ſeront déchargées de plein droit, ſans qu'il ſoit beſoin d'aucun
Jugement , procedure, ou ſommation, s'il n'en eſt fait aucune demande pendant trois ans , à compter du jour des dernieres pourſuites.

ARTICLE XXI.

Les Lettres ou Billets de Change ſeront reputez acquittez
aprés cinq ans de ceſſation de demande & pourſuites , à compter
du lendemain de l'écheance ou du Proteſt, ou de la derniere pour-
ſuite. Neanmoins les pretendus debiteurs feront tenus d'affirmer,
s'ils en ſont requis, qu'ils ne ſont plus redevables ; & leurs veuves,
heritiers , ou ayans cauſe , qu'ils eſtiment de bonne foy qu'il n'eſt
plus rien deu.

ARTICLE XXII.

Le contenu és deux Articles cy-deſſus aura lieu à l'égard des
mineurs & des abſens.

ARTI

ARTICLE XXIII.

Les signatures au dos des Lettres de Change ne serviront que d'endossement, & non d'ordre, s'il n'est daté, & ne contient le nom de celuy qui a payé la valeur en argent, marchandise, ou autrement.

ARTICLE XXIV.

Les Lettres de Change endossées dans les formes prescrites par l'Article precedent, appartiendront à celuy du nom duquel l'ordre sera rempli, sans qu'il ait besoin de transport, ni de signification.

ARTICLE XXV.

Au cas que l'endossement ne soit pas dans les formes cy-dessus, les Lettres seront reputées appartenir à celuy qui les aura endossées ; & pourront estre saisies par ses creanciers, & compensées par ses redevables.

ARTICLE XXVI.

Defendons d'antidater les ordres, à peine de faux.

ARTICLE XXVII.

Aucun Billet ne sera reputé Billet de Change, si ce n'est pour Lettres de Change qui auront esté fournies, ou qui le devront estre.

ARTICLE XXVIII.

Les Billets pour Lettres de Change fournies feront mention de celuy sur qui elles auront esté tirées, qui en aura payé la valeur, & si le payement a esté fait en deniers, marchandise, ou autres effets, à peine de nullité.

ARTICLE XXIX.

Les Billets pour Lettres de Change à fournir feront mention
du

du lieu où elles feront tirées , & si la valeur en a esté receuë, & de quelles personnes, aussi à peine de nullité.

ARTICLE XXX.

LES Billets de Change payables à un particulier y nommé, ne seront reputez appartenir à autre, encore qu'il y eust un transport signifié, s'ils ne sont payables au porteur , ou à ordre.

ARTICLE XXXI.

LE porteur d'vn Billet negocié sera tenu de faire ses diligences contre le debiteur dans dix jours , s'il est pour valeur receuë en deniers, ou en Lettres de Change qui auront esté fournies,ou qui le devront estre ; & dans trois mois, s'il est pour Marchandise, ou autres effets. Et seront les delais comptez du lendemain de l'écheance , iceluy compris.

ARTICLE XXXII.

A faute du payement du contenu dans un Billet de Change , le porteur fera signifier ses diligences à celuy qui aura signé le Billet ou l'ordre ; & l'assignation en garantie sera donnée dans les delais cy-dessus prescrits pour les Lettres de Change.

ARTICLE XXXIII.

CEUX qui auront mis leur aval sur des Lettres de Change, sur des promesses d'en fournir, sur des ordres, ou des acceptations, sur des Billets de Change , ou autres actes de pareille qualité concernant le Commerce , seront tenus solidairement avec les tireurs , prometteurs, endosseurs & accepteurs , encore qu'il n'en soit pas fait mention dans l'aval.

E   TITRE

TITRE SIXIE´ME.

Des interefts du Change & Rechange.

ARTICLE I.

D E´ F E N D O N S aux Négocians, Marchands, & à tous autres, de comprendre l'intereft avec le principal, dans les Lettres ou Billets de Change, ou aucun autre acte.

ARTICLE II.

L E S Négocians, Marchands, & aucun autre, ne pourront prendre l'intereft d'intereft, fous quelque pretexte que ce foit.

ARTICLE III.

L E prix du Change fera reglé, fuivant le cours du lieu où la Lettre fera tirée, eu égard à celuy où la remife fera faite.

ARTICLE IV.

N E fera deu aucun Rechange pour le retour des Lettres, s'il n'eft juftifié par pieces valables, qu'il a efté pris de l'argent dans le lieu auquel la Lettre aura efté tirée : finon le Rechange ne fera que pour la reftitution du Change avec l'intereft, les frais du Proteft, & du voyage, s'il en a efté fait, apres l'affirmation en Juftice.

ARTICLE V.

L A Lettre de Change, mefme payable au porteur, ou à ordre, eftant proteftée, le Rechange ne fera deu par celuy qui l'aura tirée, que pour le lieu où la remife aura efté faite, & non pour les autres lieux où elle aura efté negociée : fauf à fe pourvoir par le porteur contre les endoffeurs, pour le payement du Rechange des lieux où elle aura efté negociée fuivant leur ordre.

ARTI

ARTICLE VI.

L e Rechange fera deu par le tireur des Lettres negociées, pour les lieux où le pouvoir de negocier eft donné par les Lettres, & pour tous les autres, fi le pouvoir de negocier eft indefini, & pour tous les lieux.

ARTICLE VII.

L'interest du principal & du Change fera deu du jour du Proteft, encore qu'il n'ait efté demandé en Juftice. Celuy du Rechange, des frais du Proteft & du voyage, ne fera deu que du jour de la demande.

ARTICLE VIII.

Aucun preft ne fera fait fous gage, qu'il n'y en ait un Acte pardevant Notaire, dont fera retenu minute, & qui contiendra la fomme preftée, & les gages qui auront efté delivrez, à peine de reftitution des gages, à laquelle le Prefteur fera contraint par corps, fans qu'il puiffe pretendre de privilege fur les gages, fauf à exercer fes autres actions.

ARTICLE IX.

Les gages qui ne pourront eftre exprimez dans l'obligation, feront enoncez dans une facture ou inventaire, dont fera fait mention dans l'obligation; & la facture ou inventaire contiendront la quantité, qualité, poids, & mefure des marchandifes ou autres effets donnez en gage, fous les peines portées par l'Article precedent.

TITRE

TITRE SEPTIEME.

Des Contraintes par corps.

ARTICLE I.

CEux qui auront signé des Lettres ou Billets de Change, pourront estre contraints par corps; ensemble ceux qui y auront mis leur aval; qui auront promis d'en fournir, avec remise de place en place; qui auront fait des promesses pour Lettres de Change à eux fournies, ou qui le devront estre, entre tous Négocians ou Marchands qui auront signé des Billets pour valeur receüe comptant, ou en marchandise, soit qu'ils doivent estre acquittez à vn particulier y nommé, ou à son ordre, ou au porteur.

ARTICLE II.

LES mesmes Contraintes auront lieu pour l'execution des Contracts maritimes, grosses aventures, chartres, parties, ventes & achats de Vaisseaux, pour le fret & le naulage.

TITRE HVITIE'ME.
Des Separations de biens.

ARTICLE I.

DANS les lieux où la communauté de biens d'entre mari & femme est établie par la Coûtume ou par l'Usage, la clause qui y dérogera dans les Contracts de mariage des Marchands grossiers ou détailleurs, & des Banquiers, sera publiée à l'Audience de la Jurisdiction Consulaire, s'il y en a ; sinon dans l'assemblée de l'Hostel commun des villes ; & inserée dans un tableau exposé en lieu public, à peine de nullité : & la clause n'aura lieu, que du jour qu'elle aura esté publiée & enregistrée.

ARTICLE II.

VOULONS le mesme estre observé entre les Negocians & Marchands, tant en gros qu'en détail, & Banquiers, pour les Separations de biens d'entre mari & femme, outre les autres formalitez en tel cas requises.

TITRE NEVFIEME.
Des Défenses & Lettres de Répy.

ARTICLE I.

A U C U N Négociant, Marchand ou Banquier, ne pourra obtenir des Défenses generales de le contraindre, ou Lettres de Répy, qu'il n'ait mis au Greffe de la Jurifdiction dans laquelle les Défenses ou l'enterinement des Lettres devront eſtre pourſuivis, de la Jurifdiction Conſulaire, s'il y en a, ou de l'Hoſtel commun de la ville, un état certifié de tous ſes effets, tant meubles qu'immeubles, & de ſes dettes; & qu'il n'ait repreſenté à ſes Creanciers, ou à ceux qui ſeront par eux commis, s'ils le requierent, les Livres & Regiſtres, dont il ſera tenu d'attacher le Certificat ſous le contreſcel des Lettres.

ARTICLE II.

A u cas que l'Etat ſe trouve frauduleux, ceux qui auront obtenu des Lettres ou des Défenſes, en ſeront décheus, encore qu'elles ayent eſté enterinées, ou accordées contradictoirement; & le Demandeur ne pourra plus en obtenir d'autres, ni eſtre receu au benefice de Ceſſion.

ARTICLE III.

L E S Défenſes generales & les Lettres de Répy ſeront ſignifiées dans huitaine aux Creanciers, & autres intereſſez qui ſeront ſur les lieux; & n'auront effet qu'à l'égard de ceux auſquels la ſignification en aura eſté faite.

ARTICLE IV.

C E U X qui auront obtenu des Défenſes generales, ou des
Lettres

Lettres de Répy, ne pourront payer ou préferer aucun Creancier
au prejudice des autres, à peine de décheoir des Lettres &
Défenses.

ARTICLE V.

VOULONS que ceux qui auront obtenu des Lettres de Répy, ou des Défenses generales, ne puissent estre éleus Maires
ou Echevins des villes, Juges ou Consuls des Marchands, ni
avoir voix active & passive dans les Corps & Communautez, ni
estre Administrateurs des Hospitaux, ni parvenir aux autres fon-
ctions publiques; & mesme qu'ils en soient exclus, en cas qu'ils
fussent actuellement en charge.

TITRE DIXIEME.
Des Cessions de biens.

ARTICLE I.

OUTRE les formalitez ordinairement observées pour recevoir au benefice de Cession de biens, les Négocians & Marchands en gros & en détail, & les Banquiers, les Impetrans seront tenus de comparoir en personnes à l'audiance de la Jurisdiction Consulaire, s'il y en a; sinon en l'assemblée de l'Hostel
commun des Villes, pour y declarer leur nom, surnom, qualité & demeure, & qu'ils ont esté receus à faire Cession de biens:
Et sera leur Declaration leuë & publiée par le Greffier, & inserée dans un tableau public.

ARTICLE II.

LES Etrangers qui n'auront obtenu nos Lettres de Naturalité ou de declaration de Naturalité, ne seront receus à faire
Cession.

TITRE

TITRE ONZIEME.

Des Faillites & Banqueroutes.

ARTICLE I.

LA Faillite ou Banqueroute sera reputée ouverte du jour que le debiteur se sera retiré, ou que le scellé aura esté apposé sur ses biens.

ARTICLE II.

CEUX qui auront fait Faillite, seront tenus de donner à leurs Creanciers un Estat certifié d'eux, de tout ce qu'ils possedent, & de tout ce qu'ils doivent.

ARTICLE III.

LES Négocians, Marchands & Banquiers seront encor tenus de representer tous leurs Livres & Registres cottez & paraphez en la forme prescrite par les Articles 1. 2. 3. 4. 5. 6. & 7. du Titre III. cy-dessus, pour estre remis au Greffe des Juges & Consuls, s'il y en a, sinon de l'Hostel commun des villes, ou és mains des Creanciers, à leur choix.

ARTICLE IV.

DECLARONS nuls tous transports, cessions, ventes & donations de biens meubles ou immeubles, faits en fraude des Creanciers. Voulons qu'ils soient rapportez à la masse commune des effets.

ARTICLE V.

LES resolutions prises dans l'assemblée des Creanciers à la pluralité des voix pour le recouvrement des effets, ou l'acquit des

dettes,

dettes , feront executées par provifion, & nonobftant toutes op-
pofitions ou appellations.

ARTICLE VI.

L E s voix des Creanciers prévaudront , non par le nombre
des perfonnes, mais eu égard à ce qui leur fera deu , s'il monte
aux trois quarts du total des dettes.

ARTICLE VII.

E n cas d'oppofition ou de refus de figner les déliberations par
les Creanciers, dont les creances n'excederont le quart du total
des dettes, Voulons qu'elles foient homologuées en Juftice, &
executées comme s'ils avoient tous figné.

ARTICLE VIII.

N'e n t e n d o n s neanmoins déroger aux Privileges fur
les meubles, ni aux Privileges & hypotheques fur les immeubles,
qui feront confervez; fans que ceux qui auront privilege ou hypotheque, puiffent eftre tenus d'entrer en aucune compofition,
remife ou atermoyement , à caufe des fommes pour lefquelles
ils auront privilege ou hypotheque.

ARTICLE IX.

L E s deniers comptans & ceux qui procederont de la vente
des meubles & des effets mobiliers, feront mis és mains de ceux
qui feront nommez par les Creanciers à la pluralité des voix; &
ne pourront eftre vendiquez par les Receveurs des Configna-
tions, Greffiers, Notaires, Huiffiers, Sergens, ou autres perfonnes publiques; ni pris fur iceux aucun droit par eux ou les dépo-
fitaires, à peine de concuffion.

ARTICLE X.

D e c l a r o n s Banqueroutiers frauduleux , ceux qui auront diverty leurs effets, fuppofé des Creanciers, ou declaré plus
qu'il n'eftoit deu aux veritables Creanciers.

G   ARTI

ARTICLE XI.

Les Négocians & les Marchands tant en gros qu'en détail, & les Banquiers, qui lors de leur Faillite ne repreſenteront pas leurs Regiſtres & Journaux, ſignez & paraphez comme Nous avons ordonné cy-deſſus, pourront eſtre reputez Banqueroutiers frauduleux.

ARTICLE XII.

Les banqueroutiers frauduleux ſeront pourſuivis extraordi-nairement, & punis de mort.

ARTICLE XIII.

Ceux qui auront aidé ou favoriſé la Banqueroute fraudu-leuſe, en devertiſſant les effets, acceptant des tranſports, ventes ou donations ſimulées, & qu'ils ſçauront eſtre en fraude des Creanciers, ou ſe declarant Creanciers ne l'eſtant pas, ou pour plus grande ſomme que celle qui leur eſtoit deuë, ſeront condam-nez en quinze cens livres d'amende, & au double de ce qu'ils au-ront diverty ou trop demandé, au profit des Creanciers.

TITRE DOVZIEME.

De la Iurifdiction des Confuls.

ARTICLE I.

Declarons communs pour tous les Sieges des Juges & Conſuls, l'Edit de leur établiſſement dans noſtre bonne Ville de Paris, du mois de Novembre 1563. & tous autres Edits & Declarations touchant la Juriſdiction Conſulaire, enregiſtrez en nos Cours de Parlement.

ARTI

ARTICLE II.

LES Juges & Consuls connoistront de tous Billets de Change faits entre Négocians & Marchands, ou dont ils devront la valeur ; & entre toutes personnes, pour Lettres de Change ou remises d'argent faites de place en place.

ARTICLE III.

LEUR défendons neantmoins de connoistre des Billets de Change entre Particuliers, autres que Négocians & Marchands, ou dont ils ne devront point la valeur. Voulons que les Parties se pourvoyent pardevant les Juges ordinaires, ainsi que pour de simples promesses.

ARTICLE IV.

LES Juges & Consuls connoistront des differends pour ventes faites par des Marchands, Artisans & Gens de Mestier, afin de revendre ou de travailler de leur profession : comme Tailleurs d'habits pour étoffes, passemens, & autres fournitures ; Boulangers & Pastissiers, pour bled & farine ; Maçons pour pierre, moëllon & plastre ; Charpentiers, Menusiers, Charrons, Tonneliers, & Tourneurs, pour bois ; Serruriers, Mareschaux, Taillandiers, Armuriers, pour fer ; Plombiers & Fonteniers pour plomb, & autres semblables.

ARTICLE V.

CONNOISTRONT aussi des gages, salaires & pensions des Commissionnaires, Facteurs ou serviteurs des Marchands pour le fait du Trafic seulement.

ARTICLE VI.

NE pourront les Juges & Consuls, connoistre des contestations pour nourritures, entretiens, & emmeublemens, mesme entre Marchands, si ce n'est qu'ils en fassent profession.

ARTI

ARTICLE VII.

Les Juges & Consuls connoistront des differends à cause des assurances, grosses aventures, promesses, obligations, & contracts, concernant le Commerce de la Mer, le fret & le naulage de Vaisseaux.

ARTICLE VIII.

Connoistront aussi du Commerce fait pendant les Foires tenuës és lieux de leur établissement, si l'attribution n'en est faite aux Juges Conservateurs du privilege des Foires.

ARTICLE IX.

Connoistront pareillement de l'execution de nos Lettres, lorsqu'elles seront incidentes aux affaires de leur competence, pourveu qu'il ne s'agisse pas de l'estat ou qualité des personnes.

ARTICLE X.

Les gens d'Eglise, Gentils-hommes & Bourgeois, Laboureurs, Vignerons, & autres, pourront faire assigner pour ventes de bleds, vins, bestiaux, & autres denrées procedant de leur crû, ou pardevant les Juges ordinaires, ou pardevant les Juges & Consuls, si les ventes ont esté faites à des Marchands ou Artisans, faisant profession de revendre.

ARTICLE XI.

Ne sera étably dans la Jurisdiction Consulaire, aucun Procureur Syndic, ni autre Officier, s'il n'est ordonné par l'Edit de creation du Siege, ou autre Edit deuëment registré.

ARTICLE XII.

Les procedures de la Jurisdiction Consulaire seront faites suivant les formes prescrites par le Titre seiziéme de nostre Ordonnance du mois d'Avril mil six cens soixante sept.

ARTI

ARTICLE XIII.

LES Juges & Confuls dans les matieres de leur competence, pourront juger nonobſtant tout déclinatoire, appel d'incompetence, priſe-à-partie, renvoy requis & ſignifié, meſme en vertu de nos Lettres de *Committimus* aux Requeſtes de noſtre Hoſtel ou du Palais; le privilege des Univerſitez, des Lettres de Garde-gardienne, & tous autres.

ARTICLE XIV.

SERONT tenus neantmoins, ſi la connoiſſance ne leur appartient pas, de déferer au déclinatoire, à l'appel d'incompetence, à la priſe-à-partie, & au renvoy.

ARTICLE XV.

DECLARONS nulles toutes Ordonnances, Commiſſions, Mandemens pour faire aſſigner, & les Aſſignations données en conſequence pardevant nos Juges, & ceux des Seigneurs, en revocation de celles qui auront eſté données pardevant les Juges & Confuls. Défendons à peine de nullité, de caſſer ou ſurſeoir les procedures & les pourſuites en execution de leurs Sentences, ni faire défenſes de proceder pardevant eux. Voulons qu'en vertu de noſtre preſente Ordonnance, elles ſoient executées, & que les Parties qui auront preſenté leurs requeſtes pour faire caſſer, revoquer, ſurſeoir, ou défendre l'execution de leurs Jugemens; les Procureurs qui les auront ſignées, & les Huiſſiers ou Sergens qui les auront ſignifiées, ſoient condamnez chacun en cinquante livres d'amende, moitié au profit de la Partie, & moitié au profit des Pauvres; qui ne pourront eſtre remiſes ni moderées : au payement deſquelles la Partie, les Procureurs & les Sergens ſeront contraints ſolidairement.

ARTICLE XVI.

LES Veuves & Heritiers des Marchands, Négocians, & autres, contre leſquels on pourroit ſe pourvoir pardevant les Juges & Confuls, y ſeront aſſignez, ou en repriſe, ou par nouvelle action.

H   Et

Et en cas que la qualité, ou de Commune, ou d'Heritier pur & simple, ou par Benefice d'inventaire, soit contestée, ou qu'il s'agisse de doüaire ou de legs universel ou particulier; les Parties seront renvoyées pardevant les Juges ordinaires pour les regler: & aprés le Jugement de la qualité, doüaire ou legs, elles seront renvoyées pardevant les Juges & Confuls.

ARTICLE XVII.

Dans les matieres attribuées aux Juges & Confuls, le Creancier pourra faire donner l'assignation à son choix, ou au lieu du domicile du debiteur, ou au lieu auquel la promesse a esté faite, & la marchandise fournie; ou au lieu auquel le payement doit estre fait.

ARTICLE XVIII.

Les Assignations pour le Commerce maritime, seront données pardevant les Juges & Confuls du lieu où le contract aura esté passé. Declarons nulles celles qui seront données pardevant les Juges & Confuls du lieu d'où le vaisseau sera parti, ou de celuy où il aura fait naufrage.

Si donnons en mandement à nos amez & feaux les Gens tenans nos Cours de Parlement, Chambres des Comptes, Cours des Aydes, Baillifs, Senefchaux, & tous autres nos Officiers, que ces Presentes ils gardent, observent & entretiennent, faffent garder, observer & entretenir; & pour les rendre notoires à nos sujets, les faffent lire, publier & regiftrer. Car tel est nostre plaisir. Et afin que ce soit chose ferme & stable à toûjours, Nous y avons fait mettre nostre scel. Donné à Versailles au mois de Mars, l'an de grace mil six cens soixante-treize; & de nostre regne le trentiéme. Signé, LOUIS. *Et plus bas*, Par le Roy, COLBERT. *Et à costé est escrit, Visa*, DALIGRE. *Edit pour le Commerce.* Et scellé du grand sceau de cire verte sur lacs de soye rouge & verte.

Leu, publié, & regiſtré, ouï, & ce requerant le Procureur General du Roy, pour eſtre executé ſelon ſa forme & teneur. A Paris en Parlement, le Roy y ſceant en ſon lit de Iuſtice, le vingt-troiſiéme Mars mil ſix cens ſoixante - treize.

Signé, Du TILLET.

Leu, publié, & regiſtré en la Chambre des Comptes, ouy, & ce conſentant le Procureur General du Roy, du tres-exprés commandement de ſa Majeſté, porté par Monſieur le Duc d'Orleans ſon Frere Vnique, venu exprés en ladite Chambre, aſſiſté du ſieur du Pleſſis-Praſlin, Maréchal, Duc & Pair de France, & des ſieurs Puſſort & de Bénard-Rezé Conſeillers d'Eſtat ordinaires, le vingt-troiſiéme Mars mil ſix cens ſoixante - treize.

Signé, RICHER.

Leu, publié, & regiſtré du tres-exprés Commandement du Roy, porté par Monſieur le Prince de Condé, premier Prince du Sang, aſſiſté du ſieur de Grancé de Medavy, Maréchal de France, & des ſieurs Voiſin & de Fieubet, Conſeillers ordinaires du Roy; Ouy, ce requerant & conſentant ſon Procureur General, pour eſtre executé ſelon ſa forme & teneur: & ordonné que copies collationnées ſeront envoyées és Siéges des Elections, Greniers à Sel, & autres Iuriſdictions du reſſort de la Cour, pour y eſtre pareillement leuës, publiées, & enregiſtrées. Enjoint aux Subſtituts dudit Procureur General du Roy eſdits Sieges d'en certifier la Cour au mois. A Paris en la Cour des Aydes, les Chambres aſſemblées, le vingt-troiſiéme Mars mil ſix cens ſoixante-treize.

Signé, BOUCHER.